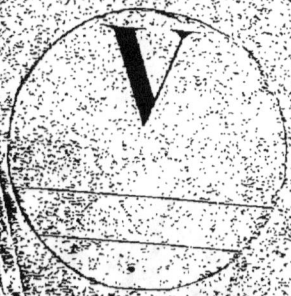

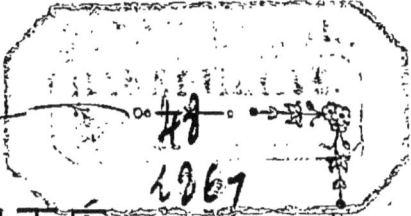

TRAITÉ

DE LA

COSMÉTIQUE

AU POINT DE VUE DE L'HYGIÈNE

ET

DE LA CONSERVATION DE LA BEAUTÉ

CHEZ GELLÉ FRÈRES,
35, RUE DES VIEUX-AUGUSTINS,
PARIS.

A NOS LECTEURS & LECTRICES

En écrivant ces quelques pages, nous n'avons pas eu la prétention de faire un livre, mais simplement un petit ouvrage ayant trait à la beauté et aux moyens de la conserver. Si comme nous l'espérons, nos lecteurs retirent quelques fruits de nos conseils, notre but sera atteint, et comme le Sage nous pourrons dire nous avons fait un peu de bien, nous n'avons pas perdu notre journée.

GELLÉ frères.

DE LA BEAUTÉ

ET

DE LA CONSERVATION DE LA BEAUTÉ.

> Une jolie femme est un séduisant mystère, que peu d'hommes savent comprendre, et que tous admirent, sans en pénétrer le vrai sens.
>
> NINON DE LENCLOS.
>
> La vieillesse est l'enfer des femmes.
> DE LA ROCHEFOUCAULD.

Qu'est-ce que la beauté?

Voilà un problème dont la solution a embarrassé plus d'un esprit.

C'est qu'en effet la beauté n'est pas une; c'est qu'elle s'affirme par des qualités extérieures différentes; c'est qu'elle varie selon l'âge, selon les climats, selon les habitudes, et aussi selon l'objectif sous lequel on se place pour la définir.

Pour qu'une beauté soit parfaite, dit Brantôme, il lui faut trente choses :

Trois choses blanches : la peau, les dents,
les mains ;

Trois choses noires : les yeux, les sourcils,
les paupières ;

Trois choses rouges : les lèvres, les joues, les
ongles ;

Trois choses longues : le corps, les mains,
les cheveux ;

Trois choses courtes : les dents, les oreilles,
les pieds ;

Trois choses larges : la poitrine, le front,
l'entre-sourcil ;

Trois choses mignonnes : la bouche, la taille,
l'entrée du pied ;

Trois choses grosses : le bras, la cuisse, le
mollet ;

Trois choses déliées : les doigts, les cheveux,
les lèvres ;

Trois choses petites : la tête, le nez, le
sein.

Nous ne pousserons pas l'exigence aussi loin
que Brantôme.

Nous savons que la perfection n'est pas de
ce monde ; nous restreindrons donc notre défi-

nition, et nous dirons, sûrs d'être en cela de l'avis de tous, que :

La beauté consiste dans la possession de qualités physiques susceptibles de charmer les yeux et d'inspirer l'admiration,

Et parmi ces qualités nous signalerons :

1° Une belle carnation, car une **peau blanche**, fine, veloutée, transparente, un teint frais et rosé, sont partout une parure de grand mérite et dont on tient toujours grand cas.

2° De **beaux yeux**, car les yeux sont les miroirs de l'esprit et de l'âme. Ils en réfléchissent toutes les impressions morales ; ils s'illuminent des rayons de la joie et se voilent sous les nuages de la douleur. Enfin, ils sont, dit Buffon, le sens de l'esprit et la langue de l'intelligence.

3° Une **jolie bouche**, car si la bouche est l'asile du sourire, elle est aussi l'organe de la parole, et chacun sait combien sont puissants le sourire et la parole.

4° De **belles dents**, car des dents blanches et symétriques embellissent le sourire et corrigent au besoin le défaut d'une bouche un peu grande.

5° Une **belle chevelure**, car une **chevelure opulente** et **soyeuse** ajoute au charme de la physionomie, et le complète en quelque sorte.

6° Une **jolie main**, car une **main fine**, nerveuse, allongée, terminée par des doigts effilés, par des ongles cintrés et transparents, est partout, ainsi qu'un joli pied, un signe de distinction, d'élégance et de race.

7° Une **tournure gracieuse**, car, comme le dit un humouristique écrivain, la beauté sans grâces est un hameçon sans appât.

Nous ne serons certainement ici démentis par personne, en affirmant que la femme qui possédera quelques-uns de ces avantages sera partout citée comme belle et partout admirée.

Mais il ne faudra pas qu'elle oublie que les roses ne vivent que l'espace d'un matin, et pour peu qu'elle tienne à assurer des lendemains à cette beauté dont elle a le droit d'être fière, elle devra appeler à son aide les ressources de la parfumerie.

Car, qu'elle le sache bien, si la parfumerie ne peut lui enlever les années, dont le poids est toujours si lourd, elle peut au moins combler le sillon qu'elles ont creusé et s'opposer même à ce qu'elles le creusent.

En effet, garantir des ravages du temps, mettre à l'abri de la décrépitude, conserver le parfum du jeune âge, faire que l'on retrouve à cinquante ans, encore parée des grâces et des séductions de la jeunesse, la femme que l'on a admirée à vingt ans, voilà le but, voilà la tâche de la parfumerie.

Et pour accomplir ce miracle, la parfumerie n'a point à empiéter sur des droits supérieurs, elle n'a besoin que de faire appel à la science, et la science ne fait point la sourde oreille avec elle.

Depuis Eve, le besoin d'ajouter à sa beauté, le souci de la conserver, ont toujours été l'une des plus grandes préoccupations de la femme.

Il était donc de la plus haute importance qu'on s'ingéniât à sauvegarder cette fleur de jeunesse qui a tant d'attraits pour tous.

La difficulté était grande, mais elle n'était point insurmontable. La Cosmétique est, en effet, ici puissamment secondée par la vitalité, par la tonicité même des tissus auxquels elle s'adresse.

Est-il donc, dans un siècle où l'instruction vient éclairer toutes les classes de la Société, si difficile de comprendre que mise en contact avec nos organes, la Cosmétique puisse exercer sur eux une action réparatrice et salutaire ; qu'elle puisse les vivifier, les conserver, et partant, nous fournir ainsi à tous le moyen de jeter un défi au temps ?

Qu'on ne nous cite donc plus à l'avenir, et à titre d'exception, l'éternelle jeunesse de Mlle Ninon de Lenclos, qui sut, à l'âge de quatre-vingt-cinq ans, inspirer encore de doux sentiments.

Si c'est par elle que la nature a commencé à faire voir qu'il est possible de ne pas vieillir, nous pouvons affirmer qu'un pareil miracle est aujourd'hui possible pour tous.

De tout temps sans doute, à Athènes aussi bien qu'à Rome, les femmes ont attaché une grande importance à la conservation de leurs charmes.

Mais ne l'oublions pas, s'il y avait alors chez les belles patriciennes romaines des esclaves pour embellir, il y avait aussi des Locuste pour composer des philtres et préparer des poisons.

Nous sommes loin de ces temps ; et la Cosmétique actuelle ne ressemble en rien, comme nous le démontrerons tout-à-l'heure, à ces affreux magma, à ces drogues sans nom, qui s'étalaient effrontément autrefois sur toutes les toilettes et dans tous les boudoirs de Rome.

PARALLÈLE

ENTRE LA COSMÉTIQUE ANCIENNE
ET
LA COSMÉTIQUE MODERNE

> Le goût des parfums n'est pas particulier à certains peuples ; on le retrouve chez tous et on peut le suivre à travers tous les âges jusqu'à notre époque.
>
> Dr O. RÉVEIL.

La femme a partout et toujours été un peu femme... et à quelque condition qu'elle appartînt : reine ou artisanne, elle n'a jamais pu se défendre entièrement d'un petit grain de coquetterie. Or, de ce petit grain de coquetterie qui date de la naissance du monde, devait naître et est née la Cosmétique.

Il n'y a donc pas lieu de s'étonner que la parfumerie ait été en honneur, même chez les peuples de l'antiquité la plus reculée.

Seulement chaque peuple l'appropria à ses

connaissances, aux produits de son climat, aux exigences de son caractère et aux progrès de sa civilisation.

Les juifs ont connu les parfums, mais ils n'en ont guère fait usage pour les besoins de leur toilette.

Fidèles aux prescriptions de Moïse, les enfants d'Israël se contentèrent d'ablutions et de bains.

La Myrrhe, l'Encens, l'Aloès, les seuls aromates qu'ils connussent au reste, étaient réservés pour les cérémonies de leur culte.

Les Lacédémoniens, ces habitués du brouet noir, proscrivirent les odeurs.

Plus préoccupés de la vigueur des formes que de la beauté et de l'expression de la physionomie, ils ne furent esclaves que d'une seule habitude, celle de se oindre toutes les parties du corps, au moyen de graisse ou d'huile, afin d'augmenter la souplesse de leurs membres.

Plus favorisés par leur climat, plus civilisés, plus instruits, les Athéniens au contraire aimèrent beaucoup les parfums.

Mais malgré le luxe et la prodigalité des belles hétaires, la Cosmétique fit chez eux peu de progrès.

C'est qu'en effet aussi, les moyens que l'on employait à Athènes pour se parfumer étaient tout primitifs, c'est qu'ils étaient en quelque sorte tout-à-fait extérieurs.

Ainsi on renfermait les habits dans des coffres odorants, on se couronnait de roses pour les festins, on suspendait dans les appartements des cassolettes remplies de fleurs au parfum pénétrant, mais au fond, on restait complètement étranger aux secrets de la Cosmétique.

Cela n'empêchait pas cependant les officines des parfumeurs d'être alors très-fréquentées... elles servaient de lieu de réunion, on y discutait toutes les questions à l'ordre du jour, on y racontait les histoires scandaleuses, on y décrétait la mode... enfin on disait : allons au parfum, comme on dit aujourd'hui chez nous : allons au théâtre.

Mais c'est à Rome, et surtout du temps de l'empire, que le goût des parfums atteignit son apogée.

L'usage en devint même tellement extravagant qu'il fallut plus d'une fois en interdire la vente.

Mais comme toujours, ces prohibitions ne remédièrent à rien, ou plutôt elles servirent à imprimer un nouvel élan à la passion des belles Romaines pour la parfumerie.

Et pourtant, on peut le dire, la Cosmétique était alors dans son enfance ; on comprend au reste que ceux qui s'en occupaient manquaient des moyens d'analyse que nous possédons aujourd'hui.

Ils ne savaient ni étudier les substances, ni en apprécier les propriétés, ni par conséquent soumettre leurs compositions à des règles positives.

Dès lors, audacieusement exploitée par des ignorants, par des empiriques, la parfumerie devint à Rome une honteuse spéculation... et cependant malgré le prix élevé des parfums, on les employait avec la plus grande prodigalité.

Aucun des objets aujourd'hui en usage chez nous pour la toilette, nous disons toilette et non parfumerie, n'était alors inconnu.

Seulement, ces objets, et c'était là une des conséquences naturelles de l'époque, n'avaient ni les formes élégantes, ni les formes gracieuses qu'on leur a données depuis.

Ainsi chaque cabinet de toilette possédait des peignes en buis ou en ivoire.

On y trouvait des miroirs de main et des miroirs de poche, on y trouvait de faux cheveux, et pour peu que l'on cherchât bien, on avait chance d'y découvrir aussi de fausses dents.

Dentibus atque comis, non te pudet uteris emptis.

MARTIAL.

« N'as-tu pas honte de te servir de dents et de cheveux achetés. »

Les pédicures et les épileuses faisaient rapidement fortune à Rome.

Mais si, par hasard, il arrivait que la chevelure s'argentât par trop, ce n'était plus l'épileuse, mais bien la teinture que l'on appelait à la rescousse.

Malheureusement ces teintures mal préparées brûlaient les cheveux et les faisaient tomber.

« Elle a le courage, dit Ovide, dans son traité de la Cosmétique, à une jeune fille qui avait voulu donner à ses cheveux une nuance à la mode, elle a le courage de contempler sur ses genoux la chevelure qu'elle a perdue, trésor digne d'une autre place. »

Les fards étaient aussi beaucoup employés.

Les plus communs étaient composés avec de la craie ou de la céruse.

Mais celui qui jouissait de la vogue, celui qui s'achetait sans marchander, contenait certain résidu de crocodile.

> Stercore fucatus crocodili.   MARTIAL.

Chaque boudoir avait aussi sa pommade, son philocome à la mode.

Voici la recette de la préparation qui se vendait le mieux :

Têtes de rats, fiel et fiente des mêmes animaux, ellébore et poivre.

> Capita murium, et fel murium, et fimum, cum elléboro et pipere.   PLINE.

Mais ce qui dépasse toute vraisemblance, ce que nous ne mettrions pas à la charge du beau sexe romain, si nous n'en avions les preuves, c'est l'engouement vraiment inouï dont s'étaient éprises les belles patriciennes pour certain dentifrice importé à grands frais d'Espagne, renfermé dans des vases d'albâtre et vendu à des prix fabuleux.

Qu'était-ce donc que ce trésor de la bouche ?

Hélas ! trois fois hélas ! qu'on nous pardonne de divulguer ce secret.

C'était.... c'était de l'urine espagnole.

> Et dens ibera defricatus urina.   CATULLE.

Les dames romaines, on le voit, ne reculaient devant rien pour assurer l'éclat de leur beauté.

Mais, ne l'oublions pas, c'était là des temps d'ignorance, et si l'on avait le droit d'espérer rencontrer alors à Rome des produits plus honnêtes, on ne pouvait guère compter y trouver des préparations bien savantes.

. . . .

. . . .

Le goût des parfums fut étouffé pendant les siècles de barbarie qui suivirent la chûte de l'Empire romain.

Il ne reprit un peu d'essor qu'après le moyen-âge et sans que pour cela la parfumerie cessât d'être l'objet d'une inepte et criminelle spéculation.

Vers la fin du 1er siècle de la renaissance, la belle Diane de Poitiers, mettant à contribution la science de l'illustre Paracelse et le savoir pratique de maître Oudard, marchand de gants, de masques et de poudres de senteur, en la rue des Lombards, réussit à se conserver fraîche et belle jusqu'à l'âge de 69 ans et à se faire successivement aimer de deux rois.

Sous Catherine de Médicis, cette veuve de Henri III, cette reine à l'escadron volant, qui fut trois fois régente de France, la parfumerie subit une transformation violente.

De conservatrice de la beauté qu'elle devait être, elle se fit empoisonneuse.

Ce fut alors que brillèrent en première ligne Nostradamus, Rugieri, et René le Florentin.

Ce fut alors aussi que jouirent de tant de vogue ces fameux gants parfumés qui devaient avoir pour effet d'assouplir la peau des mains, mais qui en réalité donnèrent la mort à tant d'illustrations de l'époque.

Sous Henri III, ce roi des mignons qui devait tomber sous le couteau d'un Jacques Clément, la passion pour les parfums fut poussée à un point extrême.

Mais, remarquons-le, cette passion, cet engouement ne se bornèrent pas seulement à la France.

La fière Elisabeth d'Angleterre, cette fiancée du duc d'Alençon qui resta vieille fille, cette reine aussi tortue de corps que d'esprit, mais qui eut toujours des amants, même dans les derniers jours d'une vieillesse peu attrayante, cette meurtrière de Marie Stuart, enfin, poussa l'amour des parfums jusqu'au fanatisme.

On en fit sous son règne un emploi si excessif que le parlement dut intervenir et en défendre l'usage.

De même en France, l'abus que Henri III et ses mignons firent des pâtes, des masques et des pommades, amena, sous le règne du Vert-Galant, une profonde réaction contre toute espèce de cosmétique.

Cette réaction cessa pour un instant sous Louis XIII et sous l'influence de la belle Anne d'Autriche.

Mais par contre, le siècle de Louis XIV fut l'occasion d'un nouveau temps d'arrêt dans les progrès de la parfumerie.

Le grand roi n'aimait pas les odeurs........ à peine, en fait de soins de toilette, Sa Majesté se permettait-elle un bain de temps en temps, et encore fallait-il que ce bain lui fût prescrit par son médecin.

Sous Louis XV, sous ce règne de petits marquis musqués et de duchesses à l'eau de roses, les choses changèrent de face, mais sans cependant encore que la Cosmétique progressât beaucoup.

Languissante sous Louis XVI, proscrite sous la République, où l'on ne connut plus que les pommades à la Samson et les pommades à la guillotine, la parfumerie ne commença véritablement à se relever comme science que sous le Directoire et sous l'Empire.

On sait que c'est après le 9 thermidor que les bains parfumés devinrent à la mode.

La belle Cabarrus, Mme Tallien, ne prenait que des bains de fraises et de frambroises, et à l'issue de ces bains, elle se faisait frictionner légèrement à l'aide d'éponges imbibées de lait et de parfums.

Mais, nous l'avons dit, la Cosmétique n'avait été jusqu'à ce temps que livrée aux caprices du hasard.

Les découvertes modernes ont pu seules l'arracher aux aveugles traditions de la routine et lui donner les bases plus solides et plus rationnelles de la science et de la chimie.

Aujourd'hui des **magasins** immenses, des **usines** considérables sont en pleine activité.

Paris fournit ses parfums au monde entier.

D'où lui vient donc ce succès, d'où lui vient cette supériorité?

Bien évidemment de ce que la parfumerie ne

repose plus maintenant chez nous sur des données empiriques ou incertaines.

La Cosmétique a suivi le torrent, elle est maintenant au niveau des progrès de la science. Elle fait appel à tous les règnes de la nature, elle recourt à l'analyse, enfin elle sait isoler d'un corps composé l'élément qui lui est le plus utile.

Anatomiste et physiologiste en même temps, le parfumeur de nos jours s'occupe de l'organisme humain. Il étudie la contexture de la peau, des cheveux et des dents, et y approprie ses compositions.

Grâce au microscope, il peut non seulement se mieux pénétrer de la texture des organes, mais aussi surprendre en quelque sorte la nature sur le fait, découvrir comment s'accomplissent les phénomènes de la nutrition et de la réparation, et de tout cela, fait profiter son art.

Ce sont ces découvertes toutes modernes qui assurent à la Cosmétique d'aujourd'hui une supériorité hors ligne sur la Cosmétique ancienne.

Nous allons examiner maintenant et à propos de la **peau**, des **cheveux**, de la **barbe** et des dents, les productions les mieux conçues, celles auxquelles il faudra recourir si l'on tient à conserver à chacun de ces ornements naturels sa fraîcheur, son opulence et sa blancheur.

DE LA PEAU

La beauté n'est pas plus profonde
que la peau.

SOCRATE.

La peau constitue le tégument externe. C'est une membrane composée, qui enveloppe et protège le corps et y remplit des fonctions importantes.

La peau est chez l'espèce humaine l'organe du tact et du toucher.

Elle permet par son impressionnabilité d'apprécier les qualités des corps extérieurs, en même temps que par sa résistance elle nous met à l'abri de leur action.

La peau est constituée par deux couches, l'une superficielle, c'est l'épiderme, l'autre profonde, c'est le derme.

L'épiderme, qui n'est qu'une exsudation du derme, est formé d'écailles imbriquées à la manière des poissons, et ces écailles sont si menues qu'un grain de sable en couvrirait au moins deux cents.

La peau est surtout un organe de perspiration et d'exhalation.

C'est par la peau que l'économie se débarrasse des matériaux qui lui sont nuisibles, et c'est aussi par elle que sont absorbés les fluides indispensables à notre existence.

Qu'on nous permette deux exemples entre mille :

« Magendie revêtissait le corps d'un lapin d'un enduit visqueux, tel qu'une solution de gomme, de gélatine et de térébenthine.

» Ces substances, innocentes de leur nature, agglutinaient les poils, et en se desséchant, emprisonnaient l'animal entier, moins la face.

» Les mouvements de la poitrine et le jeu des principaux organes n'éprouvaient point d'entraves........la peau seule ne communiquait plus avec l'atmosphère. Eh bien, l'animal mourait en peu d'heures comme s'il était asphyxié.

Ainsi, dès que les fonctions perspiratoires de la peau sont troublées ou suspendues, l'économie s'en ressent; on est donc parfaitement en droit de faire intervenir la Cosmétique, ne fût-ce que pour éviter le sort du lapin Magendic (1). »

Autre exemple :

Le professeur Richerand, après s'être exactement pesé, plaçait ses deux bras dans un vase contenant 2 kilogrammes d'eau.

Après une demi-heure d'immersion, l'illustre médecin démontrait que l'eau avait diminué en poids de 140 grammes, tandis que son corps avait augmenté de la même quantité.

Notons ici que c'est par l'intermédiaire de milliers de petites bouches dont la peau est criblée et qu'on appelle pores que s'accomplissent les phénomènes de la perspiration et de l'exhalation.

Observons encore que la couleur de la peau n'est pas la même chez les différents peuples de la terre; ajoutons qu'elle varie même beaucoup, selon les individus.

Noire chez les nègres, elle est cuivreuse chez les Américains, basanée chez les Arabes, et par un privilège tout particulier de la nature, blanche et rose chez les Européens.

(1) Constantin James.

Ces différentes nuances sont produites par une matière colorante spéciale, que l'on nomme pigmentum et qui est déposée sous l'épiderme.

Nous devons ici faire remarquer que c'est à une sécrétion exagérée de ce pigmentum que sont dus les lentigos ou taches de rousseur.

Ces jalons posés, rentrons dans notre sujet, et passons en revue les moyens les plus efficaces, les plus rationnels pour conserver à la peau sa souplesse, sa douceur, son poli et son incarnat.

La parfumerie n'a point en effet d'autre but que d'assurer ces qualités lorsqu'elles existent ou de les développer quand elles font défaut.

L'éclat, la finesse et la **blancheur de la peau** constituent non seulement la beauté, mais sont aussi les indices de la santé.

La Cosmétique de la peau est donc naturellement justifiée par l'hygiène.

C'est donc à cette Cosmétique qu'il faudra demander les moyens d'entretenir la fraîcheur du teint, de vivifier les tissus, d'assouplir l'épiderme et de le débarrasser de tous ces détritus qui en obstruent les pores, et partant, nuisent à la santé.

Mais à propos de cosmétique, il faut ici, et bien que nous soyons fort loin des temps anciens, faire cependant encore de grandes réserves.

Il faut surtout se tenir en garde contre tous ces produits exotiques ou indigènes décorés de noms pompeux, et qui dissimulent presque toujours, sous le brillanté de leurs enveloppes, ou leur impuissance, ou leur action délétère; car, qu'on le sache bien, à côté de l'emploi bienfaisant et salutaire des parfums, il faut noter leur emploi malfaisant.

On ne devra donc, en fait de parfums, se servir jamais que de ceux qui ont reçu la sanction du temps et de l'expérience, de ceux qui, par le fait de leur incontestable supériorité, sont en quelque sorte tombés dans le domaine public.

Les effets salutaires des bons cosmétiques sont réels, indiscutables; on peut tous les jours en constater les effets, mais le difficile c'est de les bien choisir.

Nous viendrons donc ici en aide à nos lectrices, et comme nous ne traitons de la Cosmétique qu'au point de vue de l'hygiène, nous placerons en tête des moyens prophylactiques à conseiller :

1° Les ablutions;

2° Les bains;

3° Les cosmétiques, mais seulement comme auxiliaires.

Les ablutions devront être quotidiennes; elles se feront à l'eau froide ou à l'eau tiède, selon la saison.

Elles auront d'autant plus d'action sur la peau que l'eau dont on se servira sera émulsionnée à l'aide de notre **savon au suc de concombres**.

Ce savon est émollient et adoucissant; il et tout particulièrement recommandé aux personnes qui ont la peau délicate; il préserve des gerçures; il entretient l'épiderme dans un état de velouté continuel et lui communique la blancheur du satin.

Pour les bains, nous devons faire une mention toute particulière **de Gellé frères** en faveur de l'**eau d'Albion**.

C'est qu'en effet l'**eau d'Albion** est de tous les cosmétiques le seul qui ravive et assouplisse la peau, c'est le seul qui lui fasse en quelque sorte subir une transformation complète.

Semblable à la rosée vivifiante du printemps qui ressuscite les fleurs, **l'eau d'Albion**, par sa puissance réparatrice, réveille les charmes éteints par les fatigues, par les maladies ou par l'âge..... Elle communique aux traits cette diaphanéité purpurine, cette transparence harmonieuse sous laquelle se dessinent tant de perfections cachées; en un mot, elle leur rend cet incarnat vermeil, ce coloris séduisant qu'aucune autre préparation n'imita jamais.

Employée à la dose d'un flacon dans un bain, **l'eau d'Albion** facilite merveilleusement les effets de la perspiration et de l'absorption épidermiques : elle préserve de ces affections cutanées qui font si souvent le désespoir des malades et celui des médecins.

S'il n'est pas au pouvoir de la Cosmétique de venir partout et toujours en aide à la médecine pour la prévention et la guérison des maladies de la peau, il lui est du moins possible d'en prévenir quelques-unes et d'en guérir quelques autres.

Ainsi nous citerons parmi les affections de la peau qui seront radicalement guéries par **notre lait prophylactique :**

1° Les taches de rousseur;

2° Les rugosités ;

3° Les coups de soleil ;

4° La rudesse de la peau.

Ne voyons-nous pas tous les jours de jolis visages, de splendides épaules, des mains délicates et blanches, tatoués en quelque sorte par un nombre infini de taches lenticulaires qui semblent fuir en hiver et qui reparaissent aux premiers rayons du soleil de Mars?

Ces taches sont dues à une sécrétion exagérée de la matière colorante (pigmentum) dont nous avons précédemment parlé.

Eh bien ! le lait prophylactique fera disparaître ces petites horreurs, sans pour cela que la peau en reçoive la moindre injure.

Maintenant et comme auxiliaires, ayant surtout pour objet d'assurer la fraîcheur et la beauté du teint, nous avons encore à signaler :

Notre **cold cream parfumé** à la **rose de Mai;**

D° **d°** à la **framboise;**

Notre **crème froide à l'ananas ;**

Nos **crèmes de limaçons,** de **concombres** et notre **poudre de riz.**

Ces divers articles sont de la part de notre maison l'objet de soins particuliers, et c'est à ces soins sans doute qu'ils doivent la supériorité dont ils jouissent sur tant d'articles rivaux.

Enfin, et pour en finir avec les parfums de la peau, nous ajouterons qu'il ne suffisait pas à la Cosmétique de développer et de conserver la beauté du corps, il fallait encore qu'elle trouvât le moyen de cacher les petites imperfections naturelles ou acquises, il fallait qu'elle réussît :

« A réparer des ans l'irréparable outrage. »

C'est exclusivement pour cet objet que nous avons composé la **lactéine**.

Créer un fard qui, sans altérer l'épiderme, procurât au teint une blancheur diaphane et qui ne se détériorât pas au contact de l'air, était un problème jusqu'à présent non résolu.

La **lactéine** possède toutes ces qualités, et son emploi facile n'exige aucune préparation.

De tous les fards créés jusqu'à ce jour, la **lactéine** est le seul qui ne contienne aucune substance nuisible.

Les gaz, les bains alcalins, les bains sulfureux n'ont aucun effet sur la **lactéine**.

Voici, après ce que nous avions à dire sur la peau, la nomenclature succincte des principaux cosmétiques que nous devions recommander au point de vue de l'hygiène et de l'efficacité.

Nous allons maintenant nous occuper de la chevelure et des principaux cosmétiques qui lui conviennent le mieux.

DE LA CHEVELURE

> La chevelure est comme un voile
> sur les épaules d'une jeune femme et
> comme une couronne sur la tête du
> vieillard.
>
> DE CHATEAUBRIAND.

La chevelure, cet indispensable élément de la beauté, cette somptueuse parure de la femme, est ici-bas destinée à remplir plusieurs rôles.

Précieuse garantie contre les intempéries des saisons, pluie, froid, soleil, elle soustrait la tête aux influences atmosphériques, et la défend contre l'action des corps étrangers, coups, chutes, blessures.

Aussi, à part chez les Chinois peut-être qui ne conservent qu'une toute petite mèche de cheveux (et cela très·probablement pour que leur dieu Bouddha les puisse emporter plus aisément dans le ciel des houris qu'ils n'ont fait qu'entrevoir ici-bas en fumant l'opium), la chevelure a-t-elle toujours été et est-elle encore aujourd'hui en honneur chez toutes les nations civilisées.

Portée tantôt courte, dit Richard Cortambert, tantôt flottante, selon les institutions nationales ou religieuses, insigne de bonheur ou de deuil, d'autorité ou de soumission, la chevelure s'est vue associée à toutes les fantaisies humaines.

Soignée presque religieusement par les uns, systématiquement négligée par les autres, inculte chez les philosophes, bouclée et crépue chez les hommes d'imagination, droite et plate chez les mathématiciens; fine et soyeuse chez les individus doués de grande mémoire, elle a souvent, par son absence, troublé plus d'une existence, augmenté aux yeux du monde la réputation de talent et de sagesse de plus d'un écrivain, et fait commettre plus d'une faute de sincérité. »

Dès les premiers temps de l'ère française, la chevelure fut un signe de race, de noblesse et de beauté.

Le respect pour cet ornement était alors porté

si loin qu'il suffisait qu'un prince fût chauve pour qu'on le jugeât indigne de régner.

À cette époque, les roturiers ne pouvaient, sous peine de prison, porter de cheveux longs, et les serfs, eux, étaient condamnés à n'en conserver pour ainsi dire qu'un simple spécimen.

Mais les choses ont bien changé depuis, et, grâce à Dieu, chacun peut aujourd'hui disposer de sa tête comme il l'entend.

Au point de vue anatomique, les cheveux sont un produit, une sécrétion de la peau.

Très-souples et très-déliés chez l'espèce humaine, ils y sont variables par leur longueur, par leur diamètre et leur couleur. Ils présentent, comme la peau, de notables différences, selon le sexe, selon l'âge et selon les races.

On distingue dans le cheveu :

1° La racine ou le bulbe, qui se cache sous l'épiderme ;

2° Le corps, qui fait saillie hors des téguments et qui lui-même est composé de deux substances, l'une externe, le tube, et l'autre interne, la moelle.

Cette moelle, qui donne et constitue la nuance du cheveu, consiste en globules brillants, qui ressemblent à des goutelettes d'huile, mais qui ne sont pas de l'huile, comme on l'avait généralement cru jusqu'ici.

La couleur des cheveux est presque toujours en rapport avec la couleur de la peau et avec le développement du pigmentum.

Quand le pigmentum s'altère, la chevelure se décolore.

La race caucasique est celle qui présente le système pileux le plus développé.

La race nègre, au contraire, le présente à son minimum de développement.

La conservation de la chevelure réclame, on le conçoit, des soins hygiéniques tout particuliers.

Rien d'étonnant donc à ce que de tout temps on se soit mis en quête des moyens les plus parfaits pour conserver et pour régénérer cet ornement.

Si dans l'antique Grèce les jeunes filles sacrifiaient aux dieux, la veille de leur mariage, une partie de leur chevelure, cet usage ne fut depuis imité par aucune autre nation.

Nous ne reviendrons pas ici sur les produits empiriques autrefois préconisés à Athènes et à Rome.

Laissons les morts en paix et occupons-nous particulièrement de préperations ayant une véritable valeur, de préparations qui ont fait leurs preuves.

Et tout d'abord nous devons, pour la conservation de la chevelure, adresser à nos lectrices l'expresse recommandation :

1º De passer le plus souvent possible le démêloir dans leurs cheveux ;

2º De les peigner au moins une fois tous les jours ;

3º De les brosser à diverses reprises, et cela afin de les débarrasser des pellicules et de la poussière qui s'y accumulent.

Nous ferons observer ici qu'on devra, pour cet usage, s'abstenir de peignes trop fins ou de brosses trop rudes.

Les dames devront aussi contracter l'habitude de ne jamais serrer fortement leurs cheveux. et surtout éviter de les tirailler en les relevant.

Une excellente précaution à prendre encore et sur laquelle nous ne saurions trop insister, c'est de laisser matin et soir les cheveux tout-à-fait libres, au moins pendant un bon quart-d'heure.

Les cheveux, comme les plantes, ont besoin d'être aérés.

L'alopécie, que l'on constate si souvent chez les hommes, n'est (bien qu'on semble en dire), que fort rarement le résultat de veilles ou d'occupation de cabinet.

Cette alopécie est très-souvent provoquée par la mauvaise habitude de porter des coiffures chaudes ou lourdes.

Nous citerons comme exemple les Orientaux et les militaires, qui doivent d'être tous, ou presque tous, chauves, les premiers au turban qui leur emprisonne la tête, et les seconds au schako qui leur est imposé par l'uniforme.

On devra donc, pour obéir aux lois de l'hygiène, se couvrir la tête le moins possible, sans pour cela cependant pousser les choses à l'extrême, c'est-à-dire, sans s'exposer jamais tête nue au soleil ou à la pluie.

Ces imprudences peuvent en effet avoir de très-fâcheuses influences et sur la santé et sur le cheveu.

Le cuir chevelu est souvent, comme on le sait, le siége d'une sécrétion particulière que l'on nomme pellicules.

Ces pellicules, qui causent parfois de vives démangeaisons, sont presque toujours les signes précurseurs de la calvitie.

C'est pour obvier à ces inconvénients que l'on

a mis en vente de nombreuses préparations sous forme de pommades ou d'eaux.

Malheureusement ces préparations n'ont pas produit le résultat attendu.

Nous avons dû, pour créer un préservatif vraiment efficace, nous livrer à des études spéciales, études ayant pour but de reconnaître les substances douées de la propriété de détruire les pellicules, de raffermir le cuir chevelu, et de prévenir le retour de tous accidents.

Nos recherches à ce sujet nous ont conduits à composer la **céphaline anti-pelliculaire**, qui ne se vend que sous la garantie de notre signature.

La **céphaline anti-pelliculaire** est vivifiante et résolutive.

Son action ne se borne pas seulement à détruire les pellicules et à faire cesser les démangeaisons; elle va jusqu'à modifier le cuir chevelu, le raffermir, jusqu'à saturer complètement le principe gras qui le recouvre et prévenir ainsi la calvitie.

La **céphaline anti-pelliculaire** s'emploie le soir; il suffit de relever les cheveux et d'en humecter légèrement la tête ou les parties malades, à l'aide d'une petite éponge.

Mais, on le comprend, ces soins seuls ne suffisent pas pour la conservation et pour l'entretien de la chevelure.

Si les cheveux n'étaient pas de temps en temps lubrifiés par un corps gras, ils deviendraient secs et cassants et tomberaient bientôt.

Nous devons donc ici recommander tout particulièrement l'usage du **Régénérateur Gellé frères**.

Faire pousser les cheveux, les épaissir, les fortifier, les embellir, telles sont les qualités incontestables de cette préparation, qualités que quarante années d'épreuves et de succès ont pleinement confirmées.

La renommée dont jouit le **Régénérateur**, l'empressement de tous à l'adopter et à en propager l'usage, les témoignages universels de satisfaction, le tribut unanime d'éloges donnés par les journaux français et étrangers, nous dispensent de nous étendre sur les précieuses qualités de cette découverte.

Ses heureux effets, maintenant consacrés par l'usage, ont inspiré une conviction si intime que la prévention même est venue succomber devant les preuves si multipliées de son efficacité.

Il suffit, pour l'emploi du **Régénérateur**, de séparer le matin les cheveux par mèches et de les enduire jusqu'à la racine, en faisant la plus large part aux places dégarnies.

Mais la conservation et la régénération de la chevelure ne suffisent pas, il faut encore que, grâce à la Cosmétique, les cheveux puissent rester à l'abri des neiges du temps.

Nous avons dit déjà qu'une altération du pigmentum ou qu'une diminution dans sa sécrétion devait modifier le principe colorant du cheveu et le rendre blanc à la longue.

Mais nous n'ignorons pas non plus que cette décoloration peut reconnaître d'autres causes ; nous avons des exemples qu'elle peut même se produire instantanément.

En effet, sous l'influence d'une violente émotion, d'une frayeur subite, d'un accès de colère, le cheveu peut tout-à-coup changer de nuance.

C'est ainsi que l'infortunée Marie-Antoinette, jetée après la mort de Louis XVI dans un affreux cachot de la conciergerie, vit ses cheveux blanchir dans l'espace de quelques heures.

C'est pour obvier à ces tristes conséquences, c'est pour parer à ces douloureux effets, que nous avons composé la **Nigritine végétale**.

« Depuis des siècles, dit le docteur O. Réveil,

on a signalé les dangers des préparations destinées à teindre les cheveux.

» Parmi les substances innocentes, susceptibles d'être employées à cet effet, on ne peut avoir confiance que dans les substances végétales. »

Eh bien ! notre **Nigritine** est essentiellement inoffensive. Elle ne contient que des substances d'une innocuité parfaite ; elle n'altère en rien la souplesse du cheveu, elle lui conserve son brillant naturel ; en un mot, elle satisfait à toutes les exigences de la santé, du bon goût et de l'élégance.

L'emploi de la **Nigritine** est facile et son résultat est relativement très-prompt.

Par elle, on obtient les plus belles nuances, **noir, brun et châtain.**

Ainsi, en résumé, des soins bien entendus, joints à l'emploi de préparations bien choisies, de préparations d'une efficacité prouvée, suffiront toujours, ou presque toujours, pour conserver à la chevelure son opulence, son éclat et sa couleur.

Ce que nous venons de dire à l'occasion des cheveux peut, sur presque tous les points, s'appliquer à la barbe.

Nous allons maintenant nous occuper des dents et de leurs annexes.

DES DENTS

Si une peau blanche, une peau fine et transparente, si une chevelure opulente et soyeuse
sont les apanages, les insignes essentiels de la
beauté, s'ils la constituent en quelque sorte,
on ne peut nier cependant qu'une jolie bouche
et que de belles dents en soient l'indispensable
complément.

En effet, des lèvres roses, des gencives vermeilles, une double rangée de perles blanches et
éblouissantes, peuvent non seulement ajouter
à la beauté, mais contribuer puissamment aussi
à relever l'expression de physionomies moins

favorisées, et réussir même à leur prêter quelques charmes.

Mais, par contre aussi, qu'une jeune femme, douée de beaux yeux, d'une splendide carnation, d'une luxuriante chevelure, soit ou édentée, ou affligée de vilaines dents, on verra bientôt ceux qui auraient été le plus disposés à l'admirer ne tenir qu'un faible compte de ses autres avantages physiques et ne remarquer pour ainsi dire que son infirmité.

Les dents, au nombre de vingt chez l'enfant, au nombre de trente-deux chez l'adulte, ont des fonctions importantes à remplir; elles servent à l'émission de la parole, et sont les agents immédiats de la mastication.

Qu'une incisive fasse défaut, et le timbre de la voix est modifié, et la parole devient sifflante.

Que quelques molaires soient envahies par le tartre ou par la carie, et la mastication deviendra incomplète ou impossible, et alors les aliments n'arrivant plus à l'estomac suffisamment divisés, suffisamment élaborés, amèneront rapidement un état pathologique de cet organe.

On sait que les dents diffèrent entre elles, autant par leur forme que par les fonctions qu'elles ont à remplir.

Ainsi les incisives coupent, les canines déchirent et les molaires broient.

Les dents ne sont point des os, bien qu'elles présentent avec les os plus d'un point d'analogie.

Toute dent se compose de deux parties distinctes :

1° Une partie libre qui déborde l'alvéole, c'est la couronne ;

2° Une partie implantée dans l'alvéole, c'est la racine.

La couronne, dont nous nous occuperons seulement ici, est, à part la pulpe dentaire, composée de deux couches :

L'une extérieure, qui est l'émail ;

L'autre intérieure, qui est l'ivoire.

Ces deux couches, émail et ivoire, sont excessivement dures.

Cette dureté de l'émail est un puissant élément d'inaltérabilité.

Cela explique pourquoi les dents se conservent intactes tant qu'elles en sont revêtues, et pourquoi au contraire elles se gâtent quand l'ivoire est mis à découvert.

On comprend, dès lors, qu'au point de vue de la beauté, comme au point de vue de la conservation individuelle, il soit du plus haut intérêt de ne rien faire qui puisse être susceptible d'altérer l'émail des dents.

Personne n'ignore les effets désastreux de l'accumulation du tartre.

Le gonflement des gencives, qui en est la conséquence, chasse les dents de leurs alvéoles et en précipite la chute; de plus, ce tartre accumulé communique à l'haleine une fétidité insupportable.

En voici un exemple :

Le poëte Benserade se trouvait, à une soirée musicale, placé près d'une fort jolie personne dont la bouche était dans un état déplorable.

Priée de chanter, cette jeune personne s'en acquitta de façon à ravir les oreilles, mais hélas! de façon aussi à blesser l'odorat du poëte.

Interrogé par un des assistants sur la valeur du chant et sur la valeur des paroles, Benserade répondit tout crûment :

Mademoiselle a une fort belle voix, un très-beau chant, mais l'air n'en vaut rien!!!

L'hygiène de la bouche doit donc avoir pour but, non seulement de maintenir les dents blanches et saines, mais aussi d'assurer la suavité et la fraîcheur de l'haleine.

Mais c'est ici que le choix des dentifrices est chose importante, et c'est pour ce choix surtout qu'il faudra user de circonspection et de discernement.

Toute préparation, poudre ou eau, qui contiendra des substances acides, devra être impitoyablement écartée.

Nous ne disconviendrons pas que ces préparations blanchissent les dents et les blanchissent même instantanément; mais qu'on le sache bien, l'éclat ainsi obtenu n'est qu'éphémère.

Que l'on continue quelque temps seulement l'usage de ces prétendus dentifrices, et l'on s'apercevra bientôt de l'action déplorable qu'ils exerceront sur la bouche.

Non seulement ils altéreront les dents, mais ils les compromettront au point d'en nécessiter l'avulsion.

Il est certain que l'on pourra alors avoir recours aux dents artificielles, mais pour nous comme pour tous :

« Rien n'est beau que le vrai, le vrai seul est aimable. »

C'est pour leur éviter les inconvénients et les dangers que nous venons de signaler, c'est pour qu'elles puissent conserver intacte cette parure de perles qu'elles ont reçue de la nature, que nous conseillerons à nos lectrices :

1° De s'abstenir de toutes boissons ou de tous aliments trop chauds ou trop froids, et surtout de ne jamais imiter les Espagnoles, qui paient de leurs dents la funeste habitude de boire de l'eau très-froide immédiatement après avoir bu du chocolat très-chaud ;

2° De ne point déléguer à leurs dents les fonctions de casse-noisettes ou de ciseaux ;

3° De ne laisser jamais séjourner entre les espaces dentaires aucuns débris d'aliments, et surtout de ne jamais non plus, pour extraire ces débris, se servir de cure-dents en métal, mais bien de cure-dents en plume ou en bois.

4° De se brosser les dents matin et soir, en ayant soin toutefois d'approprier la brosse à l'état et à la constitution des gencives.

Ainsi, une brosse molle conviendra parfaitement aux gencives engorgées, sensibles tandis qu'une brosse un peu dure sera préférable pour les gencives décolorées ;

5° De n'employer jamais, pour la bouche, que des dentifrices neutres ou alcalins, des dentifrices en un mot qui puissent conserver l'éclat des dents sans porter aucune atteinte à leur solidité.

Nous recommandons, tout spécialement pour cet objet, notre poudre Carbo-Quina-Rose et notre Odontéine.

Le **Carbo-Quina-Rose** est un composé de charbon épuré, de quinquina calysaya et de roses de Provins.

Le charbon, cela est connu de tous, a la propriété de blanchir les dents, de prévenir la carie et de détruire le tartre.

Le quinquina fortifie les tissus, raffermit les gencives, et, quelque soit leur état de mollesse et de relâchement, les rend fermes et vermeilles.

Enfin, la rose de Provins parfume l'haleine et laisse à la bouche une fraîcheur exquise.

Les médecins et les chimistes auxquels cette excellente préparation a été soumise, ont été unanimes pour reconnaître qu'elle présentait toutes les qualités que réclame un bon dentifrice.

Ces trois substances, charbon, quinquina et roses de Provins, forment une poudre impalpable et éminemment hygiénique ; ils produisent les plus heureux résultats pour la beauté et la conservation des organes dentaires.

Notre **Odontéine** ou Eau dentifrice, qui doit être employée dans l'eau, de concert avec la poudre **Carbo-Quina-Rose**, et afin de débarrasser les espaces dentaires de la matière charbonneuse qui s'y pourrait trouver, est un composé de menthe, d'anis et de tout ce que le règne végétal offre de plus précieux.

L'**Odontéine** a la propriété de raffermir les dents, d'apaiser les douleurs, de donner de la fraîcheur à la bouche et de lui laisser un parfum des plus agréables.

Grâce à ces deux dentifrices, **Carbo-Quina-Rose** et **Odontéine**, qui pourvoient à tout et qui doivent être quotidiennement employés, les dents se maintiendront toujours blanches et l'haleine toujours pure.

DE LA GLYCÉRINE

Il en est de la Cosmétique comme de la Médecine, l'une et l'autre ont besoin, pour réussir, d'être appropriées au tempérament et à la constitution des individus.

Nous venons, à propos de la peau, de la chevelure et des dents, de signaler les principaux cosmétiques de notre maison, approuvés par les corps savants, et adoptés par toutes les personnes qui prennent quelque souci de leur santé et de leur beauté.

Il nous reste à dire un mot, maintenant, de préparations nouvelles, ayant pour base la glycérine.

Ces préparations sont surtout destinées aux constitutions anémiques et nerveuses, aux épidermes fins, délicats, susceptibles de se gercer facilement, ou d'être fâcheusement impressionnés par l'air extérieur.

Nous devons au concours de M. EugèneDevers, chimiste des hôpitaux de Paris, le secret de l'application de la glycérine à la Cosmétique.

Qu'il nous soit ici permis de jeter en passant une fleur sur la tombe de ce jeune et savant pionnier, enlevé trop tôt à la science, dont il était l'un des plus intelligents et l'un des plus fervents adeptes.

M. Eugène Devers dirigeait depuis quelque temps ses études vers la Cosmétique.

Il n'y a point à douter, s'il avait vécu, qu'il ne l'eût bientôt enrichie de nouvelles et précieuses découvertes.

Malheureusement pour tous, il n'a laissé complètement achevées que ses préparations à la glycérine.

Ces préparations se placent sans contredit au premier rang parmi les cosmétiques dont les propriétés bienfaisantes ont été partout appréciées.

La glycérine est le principe doux des huiles et des graisses.

Découverte en 1789, par Scheele, elle ne fut étudiée en France que de 1825 à 1855.

Ce n'est même qu'à partir de cette dernière
époque que ses propriétés chimiques commen-
cèrent à être soupçonnées.

Contrairement aux corps dont elle émane, la
glycérine est soluble dans l'eau.

Ses propriétés dissolvantes et hygrométriques
lui assurent une action éminemment calmante,
rafraîchissante et lénitive.

Elle pénètre dans les tissus avec une mer-
veilleuse rapidité... elle y maintient un état de
fraîcheur et de souplesse dont le résultat est
un accroissement de circulation et un excès
de vie.

Les produits à la glycérine se bornent à :

1° La glycérine de toilette;

2° La crême de glycérine;

3° La pâte dentifrice à la glycérine;

4° L'eau dentifrice à la glycérine;

5° Le savon à la glycérine;

6° La pommade à la glycérine;

7° La glycérine anti-pelliculaire.

Nous ne dirons qu'un mot de chacune de ces
préparations.

La glycérine de toilette, employée en lotions
(une cuillerée à café dans un verre d'eau),
adoucit, rafraîchit la peau, lui fait perdre sa sé-

cheresse et sa raideur et en augmente la blancheur et le brillant.

En raison de ses propriétés antiseptiques, elle préserve l'épiderme de toute fâcheuse influence.

La **crème de glycérine** est particulièrement remarquable par ses qualités lénitives et adoucissantes.

Elle lubrifie la peau sans la graisser; elle l'assouplit, la rafraîchit et la préserve d'une manière infaillible des **gerçures et du hâle.**

Son emploi pour les lèvres est bien supérieur à celui de la pommade Rosat, qui laisse toujours après elle un arrière-goût de graisse.

La **pâte dentifrice à la glycérine** ne contient ni acide, ni alcali; elle blanchit les dents sans en altérer l'émail; elle enlève le tartre et dissipe le gonflement des gencives; elle assainit la bouche et fait disparaître les odeurs désagréables provenant des dents cariées, de certains aliments ou de l'usage du tabac.

L'eau dentifrice à la glycérine n'est point un succédané de la pâte.

Cette eau, bien qu'ayant la même base, la glycérine, contient cependant des principes différents.

Elle produit en quelque sorte, sur les dents,

un effet galvano-plastique; elle est le complément de la pâte; elle assure, elle consacre tous les avantages obtenus par cette dernière, et comme conséquence, elle soustrait les dents à toute espèce d'altération.

Le **savon à la glycérine** est non seulement le savon des enfants, mais aussi celui de toute personne ayant l'épiderme sensible......... il préserve les mains des engelures, des crevasses et prévient aussi les callosités.

La **pommade à la glycérine** donne plus de brillant et de lustre aux cheveux........ Elle est supérieure aux pommades ordinaires.

Enfin, la **glycérine anti-pelliculaire** fait disparaître les pellicules de la tête, enlève les démangeaisons et supprime en un mot toutes les affections qui attaquent le cuir chevelu.

Une simple onction, faite régulièrement une fois par semaine, suffit pour prévenir tout retour de pellicules et prévenir toute chûte de cheveux.

Oberthur et fils, imp. à Rennes. — M⁰ⁿ à Paris.

C. Trohel, imp. à Paris, rue Geoffroy-Langevin.

www.ingramcontent.com/pod-product-compliance
Lightning Source LLC
Chambersburg PA
CBHW072016290326
41934CB00009BA/2100